Stephanie Turzer

Die Malerin vom Jakobsweg

wandert die

„Uckermärkische Landrunde“

Schibri-Verlag

Naugarten
Gollmitz
Boitzenburg
Großer Warthesee
Warthe
Gandenitz
Metzelthin
Templiner Se
Templin
Alt-Placht
Glambeck-See
Röddelin
Lübbesee
Ahlimbs-mühle
Röddelinsee
Schor

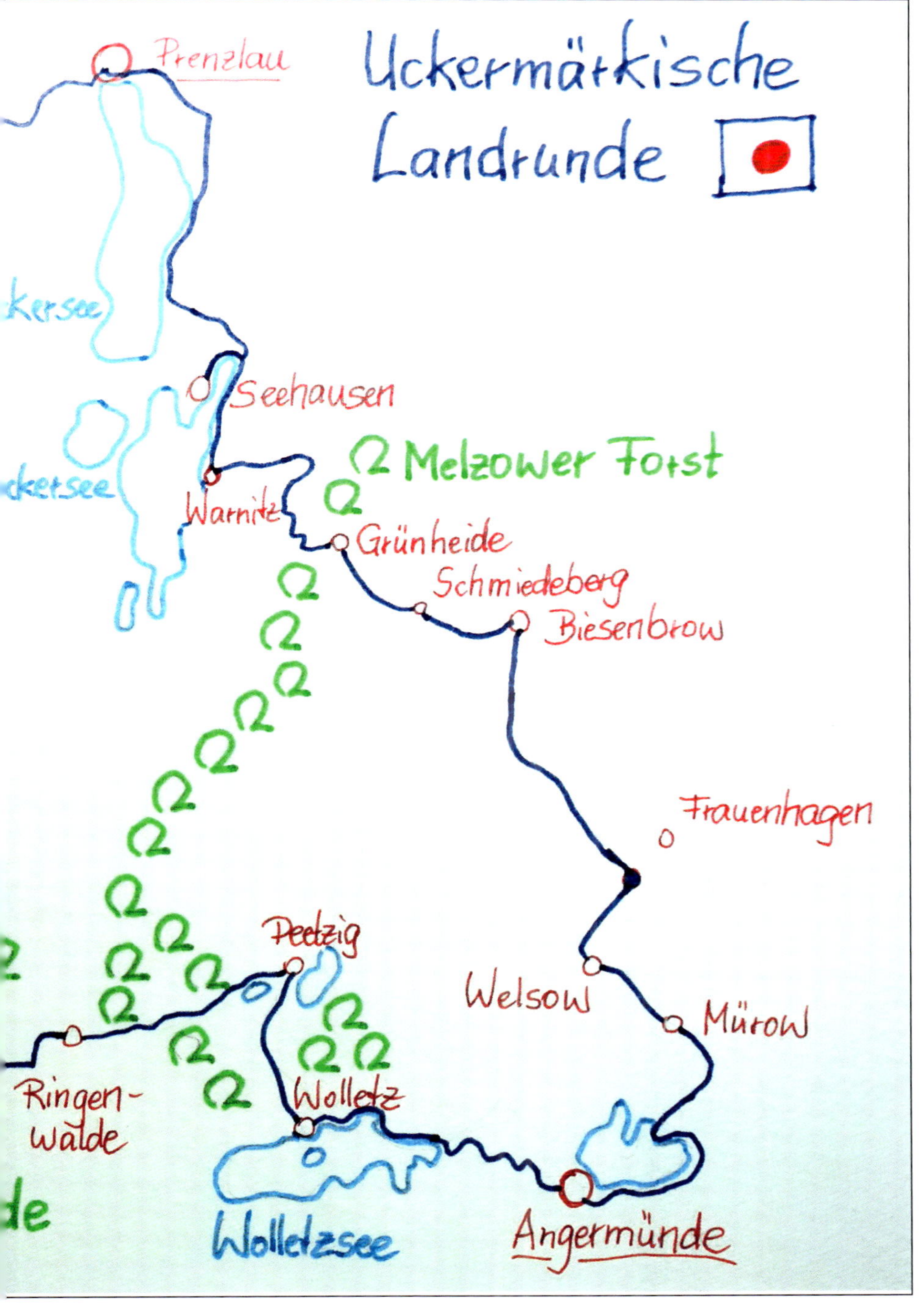
Uckermärkische
Landrunde
Prenzlau
kersee
Seehausen
ckersee
Melzower Forst
Warnitz
Grünheide
Schmiedeberg
Biesenbrow
Frauenhagen
Peetzig
Welsow
Mürow
Ringen-
walde
Wolletz
Wolletzsee
Angermünde
de

Satz und Layout: Nicole Helms
Cover: Nicole Helms unter Verwendung der Zeichnungen
von Stephanie Turzer
Zeichnungen und Skizzen: Stephanie Turzer

Mail: info@schibri.de
Homepage: www.schibri.de

Printed in Germany

ISBN: 978-3-86863-281-1

Inhaltsverzeichnis

Uckermärker Landrunde

Vorwort

Nachdem wir im letzten Frühjahr 2022 „Rund um die Schorfheide“ gelaufen sind, stand in diesen Osterferien die Uckermärker Landrunde auf dem Plan. Da ich mich als frisch gebackener Rentner schulisch nochmal für ein halbes Jahr Kunstunterricht an einer Eberswalder Schule habe einsetzen lassen, mussten es wieder die Ferien sein.

Laut Prospekt hat die Runde 152 km und ist aufgeteilt in 8 Etappen. Wir haben 10 Etappen daraus gemacht. Erstens ist es mir nicht gelungen, an einigen Etappenzielen ein Quartier zu bekommen. Entweder gab es keins. Oder für nur eine Nacht wollte man keine Gäste aufnehmen. So mussten wir an einer Stelle sogar die Streckenführung ändern. Weil uns in WARTHE niemand ein Bett geben wollte, haben wir einen Umweg über METZELTHIN gemacht.

Zweitens haben wir Etappen aus dem gleichen Grund verkürzt oder verlängert. Und ich wollte unbedingt mal in BOITZENBURG im Schloss schlafen. Mich hat gewundert, dass dieser besondere Ort kein Etappenziel ist.

Drittens endet die Landrunde offiziell in SEEHAUSEN. Wir haben noch eine Etappe hinzugefügt, von SEEHAUSEN nach PRENZLAU, damit sich der Kreis schließt. Es bietet sich an, die Wanderung an einem Ort mit Bahnanschluss zu beginnen. Es hätte auch ANGERMÜNDE sein können. Genau dort haben wir für die Osterfeiertage eine Pause gemacht.

Wir sind Bernd Hempel (70) aus BRIESEN / MARK und Stephanie Turzer (66) aus SCHORFHEIDE / OT LICHTERFELDE, auch bekannt als Malerin vom JAKOBSWEG. Wir haben uns vor 3 Jahren kennengelernt, um gemeinsam auf Pilgerreise zu gehen. 2020 und 2021 sind wir über 700 km vom thüringischen VACHA bis nach KONSTANZ am BODENSEE gepilgert. Am 1. Juli dieses Jahres (2023) erscheint dazu der vierte Band der „Malerin vom Jakobsweg – eine Pilgerreise durch Süddeutschland“.

Freitag, den 31.03.2023

Tag 1

PRENZLAU – NAUGARTEN

18,4 km

Wie bereits erwähnt, wollten wir nach der SCHORFHEIDE-Runde im letzten Jahr in diesem Frühjahr die UCKERMARK erwandern, den flächenmäßig größten Landkreis BRANDENBURGS, im Nordosten des Landes. Es taten sich natürlich ähnliche Probleme auf wie im Kreis BARNIM. Man darf nicht erwarten, dass es an allen im Flyer verzeichneten Stationen in dieser dünn besiedelten Gegend auch Quartiere gibt.

Für den letzten Märztag kauften wir schon eine Woche im Voraus ein Zugticket von BRITZ nach PRENZLAU, weil es auf dem kleinen Bahnhof keinen Fahrkartenautomaten gibt. Damit wir nicht wieder Probleme mit dem beschrankten Bahnübergang in BRITZ kriegen, steigen wir eine halbe Stunde vor Zugabfahrt ins Auto. In BRITZ gibt es wenigstens genügend Parkplätze im Gegensatz zu EBERSWALDE.

Der Zug setzt sich fast pünktlich mit nur zwei Minuten Verspätung um 9.18 Uhr in Bewegung und ist um 10 Uhr in PRENZLAU, in der uckermärkischen Kreisstadt, auch grüne Stadt am UNTERUCKERSEE genannt. Vom Bahnhof aus, der sich im Nordosten befindet, müssen wir einmal quer durch die Stadt. Durch das STETTINER TOR hindurch, ein Stück an der über 700 Jahre alten Stadtmauer entlang, gehen wir zunächst ins Zentrum. Die noch immer sehr eindrucksvolle Stadtbefestigung war einst 2,6 km lang und bis zu 9 m hoch, hatte 4 Stadttore, mehrere Wehrtürme und 66 zur Stadtseite offene Wiekhäuser.

Da ab Nachmittag Regen angekündigt ist, entschließe ich mich, gleich hier ein Bild zu malen. Wenn es das Wetter erlaubt, möchte ich jeden Tag künstlerisch tätig werden. Das touristische Highlight ist natürlich die alles überragende MARIENKIRCHE, die wir heute aber nicht besuchen und nicht malen wollen. Als wir an ihr vorbeilaufen, steht vor uns der MITTELTORTURM, der schönste und der jüngste Turm der Prenzlauer Stadtbefestigung. Er wurde im 15. Jahrhundert errichtet. Der Turm ist so außergewöhnlich, dass ich ihn jetzt malen will. Der Stand der Mittagssonne verteilt Licht und Schatten gleichmäßig über das Bauwerk, modelliert die gemauerten Details perfekt. Ich packe meine Sitzunterlage aus, platziere sie auf einer steinernen Raseneinfassung und beginne mit der Zeichnung in meinem noch jungfräulichen Skizzenbuch. Wie schon so oft, ist das Blatt zu klein. Frau Meinke, die gerade vorbeikommt, ihr Geld unter anderem mit Stadtführungen verdient, meint, ich hätte das Wichtigste vergessen, den Raben mit dem goldenen Ring im Schnabel. Der krönt nämlich oben die Turmspitze, die auf mein Bild nicht mehr drauf gepasst hat. Ich bin untröstlich. Natürlich erzählt mir Frau Meinke die Sage.

Als der Slawenfürst Primislaw, dem PRENZLAU seinen Namen verdanken soll, über die Stadt und seine Umgebung herrschte, begab es sich, dass diesem ein wertvoller goldener Siegelring abhanden kam. Schnell glaubte man, in einem Knappen den Schuldigen gefunden zu haben. Man meinte nämlich, der Ring sei gestohlen worden. Zur Strafe führte man den Mann auf den MITTELTORTURM hinauf und stieß ihn hinunter.

Jahre später zog Primislaw mit einem Trupp Männer in den Wald zum Jagen. Als sie sich zu einer mittäglichen Rast niederließen, wurde ganz in der Nähe eine alte Eiche gefällt. In den Wipfeln dieses Baumes stieß man auf ein Krähennest, das zur Verwunderung aller und zur besonderen Freude des Fürsten den gestohlen geglaubten Ring beherbergte. Zurück in PRENZLAU, ließ Primislaw einen Raben anfertigen und diesen auf der Spitze des MITTELTORTURMES anbringen. Es ist zwar inzwischen nicht mehr derselbe Vogel, aber auch der heutige Rabe erinnert noch an Primislaw und den armen zu Tode gestürzten Knappen. Lebendig macht ihn das allerdings auch nicht wieder.

Wie gesagt, ich bin untröstlich, kann diesen Mangel, der nun doppelt schmerzt, im Moment nicht wettmachen. Ansonsten bin ich ganz zufrieden mit dem Rest des Turmes.

Bernd, mein Reisebegleiter, hat in der Zwischenzeit den Markt inspiziert, wo gerade Markttag ist. Natürlich kehrt er mit Kaffee, Kuchen und zwei Knackwürsten zurück. Auch sonst hätte der Markt einiges zu bieten, sagt er. Wir könnten ihn nochmal besuchen am Freitag in zwei Wochen, wenn wir mit unserer Rundwanderung fertig sind, schlägt er vor.

Gut versorgt und mit dem ersten Bild im Gepäck begeben wir uns nun auf unseren Wanderweg. Wir laufen unter dem MITTELTORTURM hindurch, in dem sich übrigens auch eine Pension befindet, ein Stück weiter geradeaus am MARKTBERG entlang, so heißt die Hauptstraße, die wir dann überqueren müssen, um an die Uferpromenade des UNTERUCKERSEES zu gelangen.

Hier stoßen wir erstmalig auf den roten Punkt auf weißem Grund, dem wir ab sofort entgegen dem Uhrzeigersinn folgen werden.

Zunächst passieren wir die SABINENKIRCHE, die älteste Kirche der Stadt. Der ehemalige Feldsteinbau aus dem 12. Jahrhundert wurde im Jahre 1816 durch einen Umbau stark verändert. Nur der Ostgiebel lässt noch mittelalterliche Bausubstanz erkennen. Die Kirche befindet sich genau an der Stelle, wo die UCKER den drittgrößten See BRANDENBURGS gen Norden verlässt. Der Fluss hat seine Quelle in der Nähe von RINGENWALDE, durchfließt mehrere Seen, ändert nach einigen Kilometern beim Grenzübertritt nach MECKLENBURG-VORPOMMERN seinen Namen und mündet als UECKER bei UECKERMÜNDE ins STETTINER HAFF.

Auch wir müssen gleich wieder die Uferpromenade verlassen. Vorbei am MÜHLMANNSTIFT, einem ehemaligen Armenhaus, laufen wir durch eine Gartenanlage, dann auf einem ehemaligen Bahndamm. Hier verkehrten bis Mai 2000 Züge nach TEMPLIN. Diese Bahnstrecke könnte man recht schnell wieder aktivieren. Schotterbett und teilweise sogar die Bahnschwellen sind noch vorhanden. Es läuft sich echt nicht gut. Ausweichen funktioniert an den meisten Stellen nicht. Auf der linken Seite ist militärisches Sperrgebiet, auf der rechten Seite die undurchdringlichen Moore des STROMTALS, ein 611 ha großes Naturschutzgebiet.

Trotzdem erfreuen wir uns an der erwachenden Natur, den zwitschernden Vögeln. Die ersten Buschwindröschen zeigen vorsichtig ihre Blüten. Damit sollten sie aber noch ein wenig warten. In den nächsten Tagen soll es nochmal richtig kalt werden. Ich habe bis heute früh überlegt, ob ich nicht doch einen Anorak mitnehme, habe mich dann doch für den bewährten Zwiebellook entschieden.

Am alten Bahnhof von KLEIN-SPERRENWALDE, der gerade von polnischen Bauarbeitern einer neuen Nutzung zugeführt wird, ist der ganze Wald voller Schneeglöckchen, die allerdings die volle Blüte schon hinter sich haben.

Als wir etwas später gerade das Dörfchen KLEIN-SPERRENWALDE passiert haben, prasselt der für den Nachmittag angekündigte Regen auf uns hernieder. Wir hoffen auf eine Einkehr in der GOLLMITZER MÜHLE hier gleich um die Ecke. Ich weiß, dass dort auch Konzerte stattfinden. Doch Gastronomie gibt es hier leider nicht, nur Ferienwohnungen, die für eine Nacht allerdings nicht vermietet werden. Wenigstens steht am Mühlteich ein überdachter Rastplatz. Mir schwebte ursprünglich vor, diese idyllisch gelegene alte Wassermühle zu malen. Das funktioniert bei diesem Wetter gar nicht. Es war eine weise Entscheidung, bereits in PRENZLAU den Tuschkasten auszupacken.

Vier Kilometer trennen uns noch vom Ziel. Nun schmerzen doch die Füße. Ich habe mir eine Blase gelaufen. Wir stapfen nun über Wald- und Feldwege an knorrigen Weiden vorbei und einem Schild, das uns wissen lässt, dass es hier hinter der Waldkante mal eine Brücke gab – die MUTTER-WÖLKASCH-BRÜCKE. Es existiert gar kein Gewässer an dieser Stelle, außer riesigen Pfützen, denen wir versuchen auszuweichen. Um 16 Uhr laufen wir in NAUGARTEN ein, wo wir ein Zimmer im KOKURIN-HOF gebucht haben. Entgegen allen Vorhersagen bekommen wir sogar Abendbrot. Der Zufall will es, dass im benachbarten Landgasthof an jedem letzten Freitag im Monat für die Dorfbewohner, die es bestellt haben, gekocht wird. Dieser Freitag ist heute. Und da zwei Personen kurzfristig absagen mussten, bleiben zwei Portionen Schnitzel mit Rahmchampignons für uns. Oder hat da jemand uns zu Liebe auf sein Essen verzichtet?

Samstag, den 01.04.2023

Tag 2

NAUGARTEN – BOITZENBURG

10 km

Es wird gar nicht richtig hell da draußen. Um 17 Uhr könnte der Regen nachlassen, verrät mir die Wetter-App. Also können wir uns Zeit lassen für ein spärliches Frühstück aus dem Rucksack, bestehend aus Knäckebrot, Leberwurst aus dem Glas und einer Ecke Käse. Löslicher Kaffee muss die Lebensgeister wecken. Wir waren vorgewarnt, dass es hier nichts gibt in dem kleinen landschaftlich schön gelegenen NAUGARTEN. Dabei zeugt dieser 1239 erstmals erwähnte Ort im Naturpark UCKERMÄRKISCHE SEEN durch einen deutlich erkennbaren ehemaligen Burgwall schon von slawischer Besiedlung. Auch der Name ist slawischen Ursprungs. Hier wusste man schon immer die Reize der Natur zu nutzen. Besonderer Anziehungspunkt ist der gemeindeeigene 33 Hektar große See.

Bevor wir losmarschieren, werfen wir einen Blick auf den NAUGARTENER SEE, der da nicht ganz so still ruht. Wind und Regen peitschen die Oberfläche.

Was soll´s? Es gibt kein schlechtes Wetter, nur schlechte Kleidung. Wir werfen uns gleich die Regencapes über und verlassen gegen 10.30 Uhr die FeWo im KOKURIN-HOF, benannt nach dem nahegelegenen KOKURINSBERG. Wir laufen durch das Dorf weiter gen Westen an der Kirche vorbei, wo wir endlich erfahren, was es mit MUTTER WÖLKASCH auf sich hat.

Wer früher um Mitternacht durch den GOLLMITZER WALD ging und jene Brücke passierte, wurde Opfer von MUTTER WÖLKASCH. Die sprang den Leuten auf den Rücken, klammerte sich fest, kratzte und biss die Verängstigten. Für die Betroffenen war sie unsichtbar. Erst an der Waldkante ließ sie von ihnen ab. Einige der Gepeinigten berichteten auch, dass sie erst kurz vor dem Ort deren Rücken verließ. Obwohl sie von niemandem gesehen wurde, sprach man von einer langhaarigen, verwachsenen Frau mit langen krallenartigen Fingern. Sie soll ein dunkles Kopftuch getragen haben.

Durch umfangreiche Meliorationsmaßnahmen wurden um 1970 die Wasserläufe durch Rohre ersetzt und die Brücke entfernt. Die Sage hat Dr. Joachim Benthin aufgeschrieben. Man kann sie hier auf dem Dorfplatz vollständig lesen. Hier steht auch eine hölzerne Skulptur nach vorgenannter Sage vom Holzbildhauer Andreas Schmidt aus HIMMELPFORT.

Am Ortsausgang kommen wir am SCHLOSSBERG vorbei, auf dem früher die Rittergutsbesitzer Borke von Kerkows ansässig waren.

Wir folgen wieder dem roten Punkt und treten ein in die ZERWELINER HEIDE, ein fast gebirgsartiger Wald. Tannen säumen unseren Weg. Das Moos leuchtet grün. Automatisch denkt man an Steinpilze. Die wird es jetzt im zeitigen Frühjahr nicht geben.

Durch den vielen Regen sind die Wege sehr aufgeweicht. Die Holzerntemaschinen haben auch ihren Teil dazu beigetragen. Die Schuhe sehen nicht mehr gut aus. Auch die Hosen sind bis zum Knie bematscht.

Irgendwo mitten im Wald biegt der rote Punkt rechts ab. Ich schaue auf meine digitale Landkarte. Kurzzeitig überlegen wir. Folgen wir dem Punkt oder dem Weg in der KOMOOT-App? Ich entscheide mich für die App und das gelbe Kreuz. Der Weg führt uns auch nach BOITZENBURG, wahrscheinlich direkt zur Wassermühle. Und tatsächlich, doch als erstes stechen uns die roten Backsteine der Klosterruine ins Auge, eine ehemalige Zisterzienserinnen-Abtei, zerstört im 30-jährigen Krieg. Das Kloster wurde im Jahr 1269 gestiftet von Ritter Heinrich von STEGELITZ mitsamt dem Dorf MARIENFLIESS, dem heutigen BOITZENBURG. Im Zuge der Reformation wurde das Kloster säkularisiert. Die Familie von ARNIM nutzte es fortan und gewährte den verbliebenen Nonnen ein lebenslanges Wohnrecht. Von dem Klosterkomplex sind lediglich die Nordwand und der Chor der Klosterkirche sowie Teile der Wände der Klausurgebäude erhalten. Wir machen ein paar verregnete Fotos in dieser Traumkulisse. Mit unseren Regencapes sehen wir aus wie Quasimodo. So passen wir ganz gut zwischen die alten Steine.

Besser erhalten und noch funktionstüchtig ist die daneben befindliche alte KLOSTERMÜHLE. Das Gebäude aus dem Jahre 1754 ist sogar für Besucher geöffnet, wobei wir bei diesem Wetter die einzigen sind, die sich überhaupt hierher verirren. An besonderen Tagen wie zum Beispiel am deutschen Mühlentag gibt es hier Schauvorführungen. Einer solchen durfte ich schon mal beiwohnen. Es ist sehr zu empfehlen.

Ich hätte jetzt Bock auf einen richtigen Kaffee. Leider macht die Gaststätte neben der Mühle einen sehr verwaisten Eindruck. Da klebte sogar schon der Kuckuck an der Tür. Laut Schaukasten hat der Bürgermeister höchstselbst die Schließung veranlasst.

Da es noch immer tröpfelt und inzwischen auch arschkalt ist, zieht es uns ins Hotel. Von der Mühle aus laufen wir weiter am

Wasser entlang und haben nochmal einen schönen Blick über den Mühlenteich, auf dem Schwäne ihre Runden drehen, auf die dahinter liegende Mühle und die Klosterruine. Wir umrunden praktisch den Ort und gelangen so zum Gutshof. Was uns wundert, vom Schloss ist noch immer nichts zu sehen. Dann endlich werden die ersten Türmchen sichtbar. Dann liegt es in seiner ganzen Pracht vor uns. Mit so einem Märchenschloss hat Bernd in den Weiten der UCKERMARK nicht gerechnet.

Dieses Haus war über Jahrhunderte der Stammsitz der Familie von ARNIM, eins der ältesten und mächtigsten Adelsgeschlechter PREUSSENS überhaupt.

1276 wurde an dieser Stelle eine Burg im See TYTZEN erwähnt, die auch wegen der Nähe zu MECKLENBURG mehrere Besitzerwechsel zu verzeichnen hatte, wohl aber mindestens seit 1250 existierte. Von 1528 bis 1945 war sie dauerhaft im Besitz der Familie von ARNIM, die ein Schloss daraus machte. Aus dieser Zeit stammt noch das sogenannte Oberhaus, das typische Bauformen der Renaissance aufweist. Das Schloss wurde mehrmals komplett umgebaut, auch der Park ringsherum.

Zu DDR-Zeiten war es ein Erholungsheim der Nationalen Volksarmee. Nach der Wende wurde es ein Kinder- und Jugendhotel, hat Millionen von Fördergeldern verschlungen, die zum Teil auch in dunkle Kanäle flossen.

Ein Jugendhotel ist das Haus noch immer, beliebt auch für Klassenfahrten. Über uns im Dachgeschoss ist Kindergetrappel zu hören. Dort oben findet die Massenverpflegung statt. Es gibt hier Zimmer in verschiedenen Preiskategorien. Ich habe ein einfaches ohne Fernseher gewählt. Ich bin froh, dass das so geklappt hat. In diesem Schloss wollte ich schon immer mal übernachten. Dafür habe ich sogar die zweite Etappe gekürzt. Etappenziel wäre WARTHE gewesen. Aber dort war keine Unterkunft zu bekommen, nicht für eine Nacht.

Doch nun beziehen wir erstmal unser Quartier, um gleich im Anschluss hinüber in den ehemaligen MARSTALL zu wechseln, wo ein bescheidener Ostermarkt auf Besucher wartet. Auch vor der Tür haben ein paar Händler ihre Stände aufgebaut. Natürlich will kein Mensch in der nassen Kälte hier was kaufen, wir schon gar nicht. Im großen Saal verlieren sich drei Stände, einer mit Trödel, einer mit Seife und ein dritter mit …

Das Volk tummelt sich in der Kaffeerösterei. Am Tortenstand drängelt sich eine lange Schlange. So viele edle Torten, die Kuchen noch gar nicht mitgerechnet, man weiß gar nicht, was man nehmen soll.

Ich wähle dann Käse-Sahne, Bernd Schokocremetorte. Freie Tische gibt es nicht. Wir setzen uns zu einem älteren Ehepaar aus PASEWALK, die öfter hier sind. Sie sind enttäuscht vom diesjährigen Ostermarkt. Etwas später sitzt an gleicher Stelle ein Pärchen aus der Nähe von SEEHAUSEN, er ehemaliger Schorfheider, ein Sportlehrer aus GROSS-SCHÖNEBECK. Die Welt ist ein Dorf, stelle ich immer wieder fest.

Bei Regen und Wind wagen wir uns dann doch nochmal hinaus ins Städtchen, zur Kirche und einmal um den Markt herum, um ein paar Fotos zu schießen. Im Ort gibt es ziemlich große Höhenunterschiede. Wir besteigen den 142 Meter hohen Kirchberg mit dem verschlossenen Gotteshaus „St. Marien auf dem Berge“. Die schmucke Pfarrkirche wurde in der zweiten Hälfte des 13. Jahrhunderts errichtet. Im 19. Jahrhundert erhielt sie ihre heutige Form durch querhausartige Anbauten, ein schönes Motiv zum Malen, wenn das Wetter besser wäre. Die Gruft diente einst als Grablege derer von ARNIM. Am Ende des 19. Jahrhunderts wurde eine Erbbegräbnisstätte im Schlosspark errichtet.

Zwischen ein paar schön herausgeputzten Fachwerkhäusern warten noch ein paar Ruinen auf ihre Wiederbelebung. Dazu das miese Wetter, das nicht gerade die Stimmung hebt, lässt uns schnell wieder in den MARSTALL zurückkehren, wo wir mit Haxe, Sudpfanne und Boitzenburger Bier offiziell die Fastenzeit beenden.

Im Hotel gelingt mir dann bei hereinbrechender Dunkelheit, ein Aquarell aus dem Fenster des Frühstücksraums heraus zu malen. Am besten gefallen mir die Wasserspeier oben an den Türmen. Bernd organisiert in der Zwischenzeit eine Flasche Wein. Der Abend ist gerettet.

Sonntag, den 02.04.2023

Tag 3

BOITZENBURG – METZELTHIN

18 km

Der See vor unserem Fenster liegt im Sonnenschein. Das lässt uns hoffen. Aber es badet niemand da unten. Wie auch, das Thermometer zeigt bloß zwei Grad Celsius. Heute kommen die langen Unterhosen zum Einsatz.

Doch vorher stärken wir uns an einem reichhaltigen Frühstücksbuffet sogar mit Rührei aus der Schlossküche. Zwei beschmierte Brötchen wandern in meine Jackentasche. Unterwegs gibt es keine Einkehrmöglichkeit und auch nichts zu kaufen. In WARTHE hat die Gaststätte „Zu den drei Eichen" wegen Todesfall geschlossen. Der Bäcker ist weggezogen, hat uns der Ornithologe Herr Pockrand erzählt. Hier lebt man von Luft und Liebe und schöner Natur. Letzteres gibt es reichlich in dieser dünn besiedelten Gegend.

Auch nach dem Frühstück gibt die Sonne alles. So können wir das Schloss in seiner ganzen Schönheit aufs Foto bannen. Die weiß verputzten Türme heben sich strahlend ab vor dem blauen Firmament. Zum Malen ist es mir zu kalt.

Der alte Baumbestand rund um das Schloss BOITZENBURG ist einfach beeindruckend. Hier hat der berühmte Planer von Garten- und Parkanlagen Peter Joseph Lenné seine Spuren hinterlassen. Im Wald versteckt finden wir hinter dem APOLLO-TEMPEL, 1855 unter der Leitung von Stüler auf einem der schönsten Aussichtsplätze auf das Schloss errichtet, das Erbbegräbnis derer von ARNIM. 1887 erteilte Graf Adolf von ARNIM-BOITZENBURG den Bauauftrag für den sogenannten LÖWENTEMPEL. Bis dahin wurde die Adelsfamilie in der Chorgruft der Pfarrkirche ST. MARIEN bestattet, die wegen Hausschwamm als solche nicht mehr genutzt werden konnte. 2005 fand die letzte Beisetzung in dem neoromanischen Prunkbau statt. In der Mitte der halbkreisförmigen Anlage befindet sich eine offene Kapelle. Wir stehen vor der Haupttreppe der durch ein Tor geschlossenen Anlage. Die Treppe wird von zwei Löwen auf Sockeln flankiert, von denen der Linke zur Kirche sieht, der Rechte zum Schloss.

Später im CAROLINENHAIN entdecken wir noch ein Bauwerk, die Ruine der ROTEN KAPELLE, nach einem Entwurf von Martin Gropius, ein Großonkel des berühmten Walter Gropius, im neogotischen Stil errichtet zum Gedenken an die Gräfin Mathilde von ARNIM, die im zarten Alter von nur 32 Jahren bei der Geburt ihrer Zwillinge gestorben ist. Diese Kapelle ist allerdings in einem erbärmlichen Zustand, nachdem bei einem Sturm in den Achtzigern ein Baum aufs Dach gefallen ist. Erste Sicherungsmaßnahmen aus dem Jahre 2000 deuten an, dass man sie mal retten wollte. Es wäre ein Jammer, wenn das Kleinod aus roten Backsteinen und grün glasierten Ziegeln dem totalen Untergang geweiht wäre, und beschämend für das Land BRANDENBURG, zumal von den einst zahlreichen Martin-Gropius Bauten nicht mehr viele existieren.

Weiter geht es auf DEUTSCHLANDS schönstem Wanderweg von 2009, dem „Doppelten Boitzenburger", benannt nach einer botanischen Kuriosität, zwei zusammengewachsenen Bäumen. Uns begegnet diese Baumehe aus Buche und Eiche leider nicht, vielleicht weil meine App uns phasenweise wieder auf einen anderen Weg schickt.

So sehen wir das Dorf STABESHÖHE nur aus der Ferne und passieren den GROSSEN WARTHESEE entlang des Nordufers auf einem imposanten Schlängelpfad durch das Naturschutzgebiet JUNGFERNHEIDE. Hier rasten wir an einem windstillen Plätzchen. Auf einem Bootssteg sitzend vertilgen wir unsere Brötchen, genießen den mittäglichen Sonnenschein und ich versuche, eine Buche zu malen, die sich mit ihren Wurzeln an den steilen Hang klammert.

Am Ende des Sees liegt das hübsche Straßendorf WARTHE, wo man laut Flyer übernachten sollte. Hier am Seeende treffen wir den Ornithologen, der bei diesem eisigen Wind gerade nach Wasservögeln und Brutpaaren Ausschau hält und uns nun die traurigen Neuigkeiten des Dorflebens übermittelt. Laut Wikipedia war das Dorf schon 2011 infrastrukturiell schlecht aufgestellt. Inzwischen ist es noch schlechter geworden. Es fehlte vorher schon an allem, nun auch noch Gasthof und Bäcker, eigentlich wie in den meisten Dörfern der UCKERMARK. Die Schule ist seit 25 Jahren geschlossen, eigentlich ein schönes und zweckmäßiges Gebäude. Hier und da lesen wir ein Schild mit der Aufschrift „FeWo", aber nichts für eine Nacht. Beim nächsten Mal sollen wir ihn anrufen. Gut zu wissen.

Da keine Herberge zu kriegen war, weichen wir nun schon wieder vom Wege ab und laufen auf einer schnurgeraden Fahrradstraße, dem ehemaligen Bahndamm TEMPLIN – FÄHRKRUG - FÜRSTENWERDER, direkt nach Süden nach METZELTHIN. Ein Tipp meiner Freundin, es doch mal bei einem Wanderfreund im Ferienhaus „rundUMNatur" zu versuchen, erwies sich als hilfreich.

Zu Gunsten der kürzeren Wegstrecke lassen wir die DACHSBERGE jetzt einfach aus. Vielleicht ist das ein Fehler. Es läuft sich schlecht auf dem Asphalt der Fahrradstraße. Außerdem sind schnurgerade Wege langweilig, wenn sich der Ausblick ewig nicht verändert. Rechts sind ab und zu prächtige Rinder zu sehen, die durch den Schlamm trampeln. Da bin ich ganz froh, als gegen 16 Uhr endlich METZELTHIN mit seinen 100 Einwohnern in unser Blickfeld rückt und wir die mit Feldsteinen gepflasterte Dorfstraße betreten.

Wir passieren die große Scheune des KULTURGUTES, studieren die Plakate am Scheunentor. Auf der anderen Straßenseite wurde eine ähnliche Scheune kunstvoll saniert und wahrscheinlich zu einem Wohnhaus ausgebaut. Davor ein Fahrzeug mit Berliner Kennzeichen deutet auf ausgewanderte Hauptstädter hin.

Die Dorfkirche ist erst auf den zweiten Blick als solche zu erkennen. Es ist ein massiver Bau mit Walmdach ohne Turm. Die Feldsteinmauern hat man mal verputzt. Die Glocke hängt in einem Holzgestell neben dem Gebäude. Dicht vor der Kirche stehen vier uralte Linden, die sich fast an die Mauern kuscheln. Dabei sehen sie gar nicht kuschelig aus. Die Bäume strecken ihre kahlen Äste gespenstisch in den eiskalten uckermärkischen Himmel.

Nur ein kleines Stück weiter entdecken wir auf der anderen Straßenseite das Holzhaus der Familie Volpers. Wir werden bereits erwartet. Im Kamin prasselt das Feuer. Der Hausherr weist uns ein in die Geheimnisse des Hauses, das komplett aus ökologischen Materialien gebaut wurde, wie Holz, Lehm und Flachs. Er war sogar einkaufen für uns, nur das Beste aus dem Bioladen. Hier kriegen uns keine zehn Pferde mehr raus. Während da draußen eine frostige Nacht anbricht, genießen wir die Gemütlichkeit dieses Hauses.

Montag, den 03.04.2023

Tag 4

METZELTHIN – TEMPLIN

22 km

Die Wiesen hinter dem Haus sind weiß vom Raureif. Wir frühstücken erstmal in Ruhe, bis die Sonne das Weiße auch aus dem angrenzenden Garten getilgt hat. Gegen 10 verlassen wir das Ferienhaus in Richtung GANDENITZ. Die Sonne hat sich leider schon wieder verabschiedet. Der kalte Nordwind polaren Ursprungs hat Wolken davorgeschoben, aus denen sogar vereinzelt Schneeflocken fallen, als wir am Forsthaus vorbeikommen, am Ende des Dorfes. Es fühlt sich fast wie Winterwanderung an.

Mitten im Wald gesellt sich der rote Punkt wieder zu uns, dem wir heute bis nach TEMPLIN folgen wollen. Im 700 Jahre alten Angerdorf GANDENITZ fällt unser Blick zunächst auf den natürlich geschlossenen „Gasthof zur Linde“. Das Gebäude kommt mir bekannt vor. Dieses Haus habe ich vor einigen Jahren schon mal gemalt, das Bild meiner Freundin Regina geschenkt, die kurzzeitig im Haus gegenüber gewohnt hat.

Wir wandern weiter zur Kirche, in die wir einen Blick werfen dürfen. Die ältere Dame, die über den Kirchhof stolpert, kehrt auf dem Absatz um, als sie uns sieht, und schließt für uns das Gotteshaus nochmal auf.

Der Feldsteinbau aus der zweiten Hälfte des 13. Jahrhunderts verfügt über einen schlichten rechteckigen Saal mit flacher Holzbalkendecke. Der Fachwerkturm wurde im 18. Jahrhundert hinzugefügt. Wir halten uns nicht lange in dem kalten Gemäuer auf, denn in GANDENITZ scheint sogar die Sonne. So wünsche ich mir das nachher in ALT PLACHT, wenn wir am „Kirchlein im Grünen“ sind. Mir schwebt vor, dort ein Bild zu malen. Dumm nur, dass die Temperatur heute die 3-Grad-Marke nicht übersteigen wird.

Hinter GANDENITZ schickt man uns an den malerischen Ufern des GLAMBECKSEES entlang, ein Naturparadies für Biber. An der Nordspitze, wo sich eine Badestelle befindet, treffen wir drei Damen mit zwei Hunden. Die zwei Hunde machen gerade Urlaub mit ihren Frauchen im Forsthaus METZELTHIN. Tatsächlich haben wir vorhin das Schild „Urlaub mit Hund“ gelesen. An der Südspitze dürfen sich die Nager austoben. Hier gibt es mehrere Biberburgen. An dieser Stelle ist Baden und Angeln verboten. Der fast 10 Hektar große und 19 Meter tiefe GLAMBECKSEE gehört zu den wertvollsten Seen im NATURPARK UCKERMÄRKISCHE SEEN. Durch seine nährstoffarmen Verhältnisse gedeihen hier sehr seltene Wasserpflanzen, allein verschiedene Sorten Armleuchteralgen.

Nun ist ALT PLACHT auch nicht mehr weit. Es handelt sich um ein ehemaliges Gutsdorf, heute Sitz einer ziemlich großen Försterei. Bekannt ist das Dorf vor allem durch seine Fachwerkkirche. Das „Kirchlein im Grünen“ steht allein in weiter Flur, nur von 500 Jahre alten Linden umgeben. Diese Kombination macht es so reizvoll, finde ich. Erbaut wurde die Kirche um 1700 an der Stelle der alten Dorfkirche als Kapelle zum Gut, wahrscheinlich von eingewanderten Hugenotten. Die Art des Fachwerks mit dem verhältnismäßig dichtem Ständerwerk deutet auf eine nordfranzösische Bauweise hin. Zu DDR-Zeiten war sie dem Verfall preisgegeben und sollte abgerissen werden. Nach der politischen Wende gründete sich ein Förderverein zum Wiederaufbau des Kirchleins, dessen Vorsitzender mehrere Jahre lang der Pfarrer Horst Kasner war, der Vater unserer ehemaligen Bundeskanzlerin Angela Merkel.

Es ist wirklich schön, wie es da steht zwischen uralten Bäumen und schon von Weitem strahlt in leuchtendem Blau und Gelb. Sofort packe ich das Malzeug aus und lege los. Während ich malend auf der Feldsteinmauer sitze, verirren sich ein paar Schneeflocken zu mir. Bernd tippelt hin und her, um in Bewegung zu bleiben. Ich bin so konzentriert, dass ich gar nicht merke, wie die Kälte von unten hochkriecht. Ich bin zum Eiszapfen erstarrt. Käsebrot und Tee helfen auch nicht mehr. Hier pfeift aber auch der Wind um die Ecken. Trotzdem mache ich auch noch ein paar Fotos.

Wir werden erst wieder warm, als wir auf dem nächsten Waldweg das Tempo erhöhen. Das sollten wir auch. Wir stellen fest, wir haben noch 12 km vor uns bis nach TEMPLIN. Schreck lass nach!Doch auf dem weichen Waldboden schnurpseln sich die Kilometer so weg.

Bald sind wir in NEU PLACHT, wo wir Bahngleise passieren. In keinem dieser Orte wird Kaffee angeboten. Hier hat ein Landfrauenverein seinen Sitz. Die könnten doch auch Kaffee und Kuchen anbieten. Aber so viele Leute kommen hier bestimmt nicht vorbei.

Wir schlängeln weiter durch den Wald, später eine schnurgerade Straße entlang an einer gigantischen Biogasanlage vorbei. Wir zählen mindestens 14 dieser grünen Zirkuszelte.

Der Wind legt noch einen Zahn zu. Er schiebt uns fast nach RÖDDELIN. Man hätte auch abkürzen können. Aber so können wir noch einen Blick auf den RÖDDELINER SEE erhaschen. Es ist ein langgestreckter Rinnensee, an dessen Nordufer wir uns hier befinden. Am Südufer, vielleicht nur einen Kilometer entfernt, befindet sich die WESTERNSTADT EL DORADO, mit der wir jetzt nicht in Berührung kommen. Da war ich mal zu DDR-Zeiten während meines Studiums, als es noch ein Kinderferienlager war. Damals trug es den Namen „Klim Woroshilow". Wir waren vier Wochen dort, allerdings nicht zu unserer Erholung. Wir absolvierten einen Lehrgang für Zivilverteidigung. Mehrmals täglich mussten wir auf Zeit den sogenannten Schnuffi mit Gasmaske und Körpervollschutz anlegen, der reinste Horror. Am Ende zogen wir in ein fiktives Manöver und wurden in einer Nacht- und Nebelaktion fast von einem Zug überfahren. Meine Erinnerungen an diesen See sind also historisch belastet.

Das Dorf RÖDDELIN lassen wir rechts liegen. Plötzlich taucht vor uns eine Wanderin auf. Wo kommt die auf einmal her? Mit ihren Trekkingstöcken stakst die ziemlich große Frau immer im gleichen Abstand vor uns her, auch als wir den Fahrradweg verlassen und kurz vor TEMPLIN in den Wald eintauchen. Auf der Wiese am TEMPLINER KANAL sehen wir sie dann wieder. An der ZIEGELEIBRÜCKE ist sie dann plötzlich hinter uns und wir kommen ins Gespräch. Wir erfahren, dass die Dame aus HAMBURG ist und gerade den MÄRKISCHEN LANDWEG läuft, teilweise mit unserem identisch. Heute ist sie von LYCHEN gekommen. Hier will sie zwei Nächte bleiben. Da tut sie gut daran.

TEMPLIN ist eine schöne Stadt mit ihrer vollständig erhaltenen steinernen Stadtmauer, die etwa ab 1300 errichtet wurde und nach ihrer Fertigstellung 1735 Meter lang war. Sie ist bis zu 7 Meter hoch, hat mehrere Türme, drei Stadttore und 50 Wiekhäuser. Innerhalb dieser Mauern befindet sich eine zum größten Teil intakte Altstadt mit liebevoll hergerichteten Fachwerkhäusern, kleinen Geschäften, Hinterhöfen und schmalen Gassen, ein Marktplatz mit einem barocken Rathaus und der alles überragenden Stadtpfarrkirche. Die Stadt ist von drei Seen umgeben, die ebenfalls einen natürlichen Schutz bilden. Dazwischen liegt die Altstadt auf ein wenig erhöhter Position.

Wir bleiben hier nur eine Nacht, da wir TEMPLIN schon kennen. Meine Schulfreundin Regina wohnt in der Stadt seit mehreren Jahrzehnten. Sie wollte uns unbedingt Asyl gewähren. Dabei ist sie heute gar nicht zu Hause. Obwohl auch schon Rentner, hat sie Spätschicht in der Klinik. Ohne uns Alte bricht in diesem Lande eben alles zusammen.

Gegen 17 Uhr erreichen wir den BÜRGERGARTEN. Eine Nachbarin gibt uns den Schlüssel. Wir schmeißen die Rucksäcke ab. Nach kurzer Verschnaufpause ziehen wir los ins Zentrum, um Abendbrot zu essen. Obwohl die Sonne scheint, ist es unangenehm kalt. Ein eisiger Wind weht um die Ecken, kein Wetter zum Bilder malen. Vor dunklen Wolken werden die Sehenswürdigkeiten von der Abendsonne angestrahlt. Bernd bedauert, seinen Fotoapparat nicht mitgenommen zu haben. Uns zieht es nur noch ins Warme.

Im „GRÜNLING“ sind im Hinterzimmer noch zwei Plätze für uns frei. Nun sind alle Tische voll besetzt. Der Laden läuft gut. Mit ein paar witzigen Sprüchen kriegt hier jeder sein Essen serviert. Meine Kasslerpfanne ist lecker, kann ich empfehlen.

Als Nachschlag gibt es noch eine kleine Montagsdemo auf dem MARKTPLATZ. Trotz der Kälte haben sich da etwa zehn Leute eingefunden, die sich gegenseitig ihren Frust von der Leber reden. Die Veranstaltung ist dann auch schnell vorbei, für uns auch das Zeichen zum Aufbruch.

Nach einem Schlückchen Wein fallen wir müde ins Bett und erleben nicht mehr die Ankunft unserer Gastgeberin, die sich extra beeilt hat, nach Hause zu kommen.

Dienstag, den 04.04.2023

Tag 5

TEMPLIN – RINGENWALDE

22 km

Ich glaube, ich spinne. Das Thermometer zeigt minus fünf Grad Celsius. Und das soll nun Frühling sein.

Draußen geht die Tür. Regina, die Gute, war Brötchen holen. Dabei ist sie nachts um 23 Uhr erst von Arbeit gekommen. Nun verwöhnt sie uns mit Frühstück. Ich hoffe, ich kann mich irgendwann revanchieren.

Damit wir nicht durch die ganze Stadt laufen müssen, zeigt uns Regina, wo unser Wanderweg beginnt. Mit dem Stadtbus fahren wir von der SCHLEUSENBRÜCKE bis zum AHORN-SEEHOTEL am LÜBBESEE und sparen so bestimmt zwei oder drei Kilometer. Dieses ehemalige FDGB-Ferienheim ist der Knaller. Der alte Plattenbau von 1984 wurde richtig aufgepeppt durch kribbelbunte und witzige Fassadenmalerei. Der Leipziger Pop-Art-Künstler Michael Fischer hat hier vor acht Jahren eins der größten Fassadenkunstwerke EUROPAS geschaffen. Das dreiflügelige Hotel verfügt über 409 Zimmer verteilt auf 12 Etagen, Panoramarestaurant, Strandbar und Schwimmbad. Es ist derzeit das größte Hotel des Bundeslandes BRANDENBURG und kann drei Sterne vorweisen.

Hier verabschieden wir uns. Wir laufen um die Westspitze des 12 Kilometer langen LÜBBESEES. Der See schlängelt sich lang und schmal fast wie ein Fluss von TEMPLIN bis nach AHLIMBSMÜHLE.

Wir folgen dann dem herrlichen Pfad am Nordufer. Solche Schlängelpfade sind mir die liebsten. Hier am Ufer können wir prächtige Buchen und Kiefern bestaunen, später auch ein paar Trauerweiden.

Nach einigen Kilometern in PETERSDORF-Siedlung kann man fast neidisch werden angesichts der Südlage dieser Grundstücke, alle mit eigenem Steg vor der Tür. Inzwischen wird uns sogar warm. Eine Schicht Kleidung kann abgelegt werden, aber wirklich nur eine. Bei sommerlichen Temperaturen wäre ein Bad im LÜBBESEE zu empfehlen. Er zählt aufgrund seiner Sichttiefe zu den beliebtesten Badeseen der Umgebung.

Wir werden jetzt vom See weggeführt. An den teureren Gehöften lässt man uns nicht mehr am Ufer entlang laufen. Da will man keine Fremden.

Nach PETERSDORF selbst sind es dann nochmal zwei Kilometer. Während vorhin noch ein paar Leute in ihren Gärten wuselten, herrscht hier absolute Ruhe. Nur ein Auto vom Pflegedienst mit Schwester Elke und die mobile Fußpflege in Form eines jungen Mannes mit afrikanischen Wurzeln sind zu sehen. Er wäre nicht

Schwester Elke, lässt mich der Herr mit den Rasterlocken wissen. Das dachte ich mir.

Obwohl auch hier keine Gastronomie vorhanden ist, wie wir gehofft hatten, legen wir in des Dorfes Mitte eine Rast ein. Da es nachmittags wieder bewölkt sein soll, wollte ich hier ein Bild malen. So richtig macht mich das Dorf nicht an. Hier gibt es nicht mal eine Kirche. Eine kleine Fachwerkkirche mit Holzturm wurde 1912 abgerissen. Geblieben ist auf dem einstigen Kirchhügel ein hölzernes Gestell zum Andenken an das Gotteshaus. Die Glocken hat man neben dem Pfarrhaus aufgehängt. Ohne Kirche fehlt dem Dorf die Seele, finde ich.

Also gehen wir weiter auf einem weichen sandigen Waldweg. Nun hoffe ich auf AHLIMBSMÜHLE. Der Name des Ortes zwischen zwei Seen deutet auf eine Wassermühle hin. Pustekuchen! Wir laufen extra einen Kilometer zusätzlich an der wenig befahrenen L 100 entlang bis zur Brücke mitten im Dorf. Ein alter Mühlstein liegt noch dort mit einem Osternest darin, wie witzig, und die Reste eines kleinen Wasserrades, einer alten Turbine. Eine Mühle gibt es nicht, eine Kirche übrigens auch nicht. Die wenigen Häuser des Ortes liegen ein wenig versteckt im Wald. Also kehren wir um auf unseren Wanderweg nun entlang des KLEINEN und GROSSEN MELITZSEES. Auf dem kleineren der beiden treibt ein Angelkahn mit zwei stehenden Anglern darin, die konzentriert auf ihre Angel schauen. Wie auf einer Perlenkette aufgereiht, nur durch einen kleinen Bachlauf verbunden, geht ein See in den anderen über. Der Nächste in der Reihe ist der LÜBELOWSEE, mit 59 Hektar Größe auch als Anglerparadies im Internet angepriesen. Den lassen wir allerdings links liegen, überqueren eine kleine Brücke und laufen weiter nach Süden zum 35 Hektar großen LIBBESICKESEE, wo wir wieder einen schönen Uferpfad, diesmal am Südufer finden, etwas abseits vom roten Punkt, unserer Wandermarkierung. Wenn man auf den schnurgeraden Waldwegen bleibt, ist es auf die Dauer langweilig und man kann keinen Blick auf den See erhaschen, der mitten in der SCHORFHEIDE liegt. Der See hat die Form einer Schildkröte. In dessen Mitte befindet sich eine ziemlich große Insel. Am Ufer der ebenfalls bewaldeten Insel können wir einen baufälligen Pavillon erkennen. Wer weiß, wozu der mal diente? Es ist hier jedenfalls ein schönes Fleckchen Erde. Wenn´s nur nicht so kalt wäre. Und die Füße machen auch langsam schlapp. Eigentlich wollen sie jetzt nur noch ans heutige Ziel.

Da schlägt der Weg schon wieder einen Haken. Wir machen einen Abstecher nach LIBBESICKE. Wir befinden uns auf dem Gebiet der ältesten Oberförsterei der SCHORFHEIDE, eine alte Forstarbeitersiedlung mit vielleicht 60 Einwohnern, wenn überhaupt. Einige der hübschen Fachwerkhäuschen sind in Berliner Hand und werden als Wochenenddomizil genutzt. Das Besondere im Ort ist die Holzskulptur der „Verwunschenen Schwestern", daneben ein Rastplatz, dessen steinerner Tisch mit einem Mosaik verziert ist. Vor einigen Jahren wurde der Verein „Uckermärkischer Mythengarten" ins Leben gerufen, der an verschiedenen Stellen der Region alten Sagen neues Leben einhaucht. An dieser Stelle sind es nun die „Verwunschenen Schwestern von LIBBESICKE".

Es handelt sich um drei Mädchen, die einst hier im Dorf als Drillinge zur Welt gekommen sind. Niemals hatten sie Lust, etwas zu tun, waren verdrossen und dämmerten den lieben langen Tag faul vor sich hin. Niemand konnte sie aufheitern. Die Eltern waren traurig, schämten sich ihrer Mädchen und klagten allen Leuten ihr Leid. Eines Tages nahm ein Nachbar, der Gastwirt, den Vater der Mädchen beiseite und sagte ihm, eine Tochter sei des nachts aus dem Dachfenster gestiegen und auf dem Dache hin und hergewandelt. Die Zweite spazierte erst auf den gestapelten Bierflaschen, dann auf dem hohen Staketenzaun. Und die Dritte wäre als Alp durch die Schlüssellöcher in die Häuser geschlüpft und später wieder heraus gehuscht. Er habe es bei Vollmond mit eigenen Augen gesehen, ein Irrtum sei ausgeschlossen. Der Vater berichtete das Gehörte sorgenvoll seiner unglücklichen Frau. Sie ratschlagten lange und fanden nur eine Erklärung: Bei der Taufe musste etwas schief gelaufen sein. Also ließen sie die drei Mädchen noch einmal taufen, und von diesem Tage an wurden sie fröhlich, fleißig und munter wie nie zuvor.

Das Fachwerkhaus gegenüber des Rastplatzes ist das ehemalige Gasthaus, von dessen Wirt die Sage erzählt. In die alten grünen Fensterläden sind Weinkelche geschnitten. Man kann sich kaum vorstellen, dass durch dieses idyllische Walddorf einst eine wichtige Handelsstraße führte, dass es hier eine Pferdeausleihstation mit Fremdenzimmern und Ausschank gab. Die Gastwirtschaft wurde bis zum Ende des zweiten Weltkrieges hier betrieben.

Doch nun will ich endlich weiter und endlich aus den Schuhen. Essen müsste ich auch mal was. Doch der rote Punkt will noch einen Umweg machen, aber ohne mich. Ich streike. Ich bevorzuge den etwas kürzeren Dreikilometerweg nach RINGENWALDE. Der Weg zieht sich trotzdem. Die nächste Ansammlung von Häusern nennt sich JULIANENHOF. Es sind immer noch zwei Kilometer auf einer kleinen Straße mit uralten Bäumen.

In RINGENWALDE sind schwere Maschinen im Einsatz. Eine polnische Firma verlegt Glasfaserkabel. Auch in der SCHORFHEIDE wird es Internet geben. Doch nun müssten wir doch bald die Gleise überqueren, die kürzlich nun doch eingestellte Bahnlinie von JOACHIMSTHAL nach TEMPLIN wegen Mangel an Fahrgästen. Ich wusste gar nicht, dass sich das Dorf westlich der Gleise noch so in die Länge streckt. Dann endlich passieren wir das inzwischen tote Gleis. Direkt dahinter befindet sich der „Gasthof zur Eisenbahn“. Im Internet stand geschrieben, dass er ab April wieder öffnet, meine letzte Hoffnung auf ein Abendbrot, nun doch erst ab Ostern. Bis dahin bin ich verhungert. Der Wirt vom „Grünen Baum“, wo wir Quartier bekommen haben, versorgt uns Gott sei Dank mit Brot und Wein, obwohl die Gaststätte heute geschlossen ist.

Da wir uns schon wieder der 0-Grad-Marke nähern, male ich mein Bild im Zimmer. Vor unserem Fenster steht eine stattliche Eiche mit einer Bank drumherum. Da ich nun nicht mehr wählerisch sein kann, soll das heute mein Motiv sein.

Mittwoch, den 05.04.2023

Tag 6

RINGENWALDE - WOLLETZ

21 km

Als wir in der Gaststube beim Frühstück sitzen, fallen dicke Schneeflocken vom Himmel. Es wird immer verrückter. Etwas Sonne soll es frühestens am Nachmittag geben. Also ziehen wir wieder alles an, was wir haben. Ich trage drei Pullover, eine Weste und zwei Jacken – Zwiebellook. Zwei lange Hosen, Mütze, ein richtig dicker Schlauchschal und Handschuhe dürfen nicht fehlen. So kann man Stück für Stück im Laufe des Tages abschmeißen oder wieder anziehen. Als wir den Zimmerschlüssel abgeben, treffe ich im Gastraum noch einen alten Bekannten aus EBERSWALDE. Der ehemalige Fluglotse vom Flugplatz FINOW ist inzwischen auch Rentner und liefert für die Landfleischerei BUCKOW ab und zu Fleischwaren aus. Daran merkt man, dass wir nicht weit von zu Hause weg sind.

Wir stürzen uns nun ins Schneegestöber, das dann doch langsam nachlässt. Wir überqueren die wichtigste Kreuzung des Ortes, die Landesstraße 23 von JOACHIMSTHAL nach TEMPLIN, und laufen weiter gen Osten. Linkerhand passieren wir die Dorfkirche, die in der zweiten Hälfte des 13. Jahrhunderts als Feldsteinbau eingeweiht wurde. Inzwischen steht sie da mit einem neugotischen Backsteinturm, der eine Höhe von 37,5 Meter aufweist und weithin sichtbar ist.

Auf der anderen Straßenseite begrüßt uns die „Friedensgöttin“, eine überlebensgroße Holzstatue, geschnitzt 2010 aus der im gleichen Jahr gefällten Friedenseiche. Zu Ehren des Sieges der Deutschen in der Entscheidungsschlacht bei SEDAN am 2. September 1870 während des Deutsch-Französischen Krieges pflanzten die Ringenwalder hier die Friedenseiche.

Links hinter der Kirche befindet sich ein wunderschöner Landschaftspark, gestaltet unter der Leitung ebenfalls von Peter Joseph Lenné, mit einem riesigen Stein und dem Grabmahl der gräflichen Familie Saldern-Ahlimb darin. Früher gab es auch ein Schloss, das im zweiten Weltkrieg als Lazarett genutzt wurde und mit dem Herannahen der Roten Armee 1945 von der Waffen-SS gesprengt wurde. Die Familie Saldern-Ahlimb war zu dieser Zeit schon längst pleite und nicht mehr vor Ort. Zum Familienbesitz gehörte das Rittergut RINGENWALDE mit JULIANENHOF, Rittergut AHLIMBSWALDE, Rittergut PORATZ, Gut LOUISENAU und Rittergut LIBBESICKE mit etwa 3000 Hektar Land. Auf der anderen Straßenseite gibt es noch ruinöse Gebäude des ehemaligen Gutes, die Brennerei mit Dampfbetrieb und eine Ziegelei. Die Backsteinmauern könnte man mit etwas gutem Willen und Geld bestimmt noch mal zum Leben erwecken.

Am Ende des Dorfes befindet sich die Pension „Alter Garten". Hier hatte ich zuerst gefragt wegen Übernachtung und erhielt als Antwort ein „Nein", einfach nur ein „Nein" ohne Begründung. Nun sehe ich, dass hier wahrscheinlich alles belegt ist. Mehrere Autos stehen davor und Leute verlassen das Haus. Wir kommen mit einem Herrn ins Gespräch, der sich hier sehr wohl zu fühlen scheint. Es muss sich in der Tat um ein besonderes Haus handeln.

Besonders ist auch die alte Kopfsteinpflasterstraße nach PORATZ. Sie ist dicht an dicht von knorrigen Linden gesäumt, die ihre dicken Äste gespenstisch in den grauen Himmel recken. Die Stämme sind wulstig und teilweise hohl.

Kurz vor PORATZ bewundere ich die langen Hörner der dort grasenden Galloway-Rinder, während Bernd mit seinem Fotoapparat versucht, sich an eine Gruppe Kraniche anzuschleichen. Ein Wäldchen bietet ihm Deckung. Da ist er aber nicht der Einzige. Von der anderen Seite nähert sich ein Fuchs dem Geschehen, den Bernd gleich mit ablichtet. Aus dem Kranichbraten wird aber nichts. Als er den Fotografen bemerkt, sucht er das Weite.

Dann begeistert mich das alte Forstarbeiterdorf, das sich seit meinem letzten Besuch total herausgeputzt hat. Eines der zahlreichen kleinen Fachwerkhäuschen wird gerade komplett neu wieder aufgebaut. Und genau hier werden wir zum ersten Mal auf unserer Tour von einer jungen Frau zum Kaffee eingeladen. Die Familie aus BERLIN will hier heimisch werden, dazu gehört auch, mit seltenen Wanderern in Kontakt zu kommen. Hinterher sagt Bernd, wir hätten die Einladung annehmen sollen, obwohl der Tag noch jung ist. Recht hat er. Wir hätten noch viele neugierige Fragen stellen können. Jedenfalls kommt sogar kurzzeitig die Sonne raus, die die farbenfrohen Fassaden und Fensterläden zum Leuchten bringt. Dann hätte ich auch das schöne Dorf malen können. Nun habe ich es verpasst und wir sind wieder im Wald.

Aber der Wald ist schön, schöner Buchenwald, manchmal auch Birken. Sümpfe, Seen und Hügel wechseln einander ab. Der Weg schlängelt sich da hindurch. Dann ist da endlich die Autobahn, die A 11, unter der wir hindurchlaufen. Irgendwann lichtet sich der Wald und geht in hügelige Felder über. Die wilden Pflaumen blühen. Ein Traktor mit Pflug und Drillmaschine zieht seine Bahnen -

Frühjahrsbestellung. Wir treffen eine Reiterin. Hinter jedem Hügel vermuten wir PEETZIG. Es dauert, bis wir endlich das unscheinbare Dorf und einen See dazu sichten. Da es hier keinen Schlafplatz für uns gibt, wie fast überall nicht für nur eine Nacht, lassen wir den Ort ein wenig bockig links liegen, steuern den Rastplatz auf dem nächsten Berg neben der Pferdekoppel an, den die Dame auf dem Pferd uns empfohlen hat. Die Stärkung war jetzt nötig.

Die letzten sechs Kilometer bis nach WOLLETZ verlangen uns wieder das Letzte ab. Der Forstweg durch den Mischwald aus Buchen und Kiefern ist sehr zerfurcht von schweren Maschinen und aufgeweicht vom letzten Regen.

Beim Einmarsch in WOLLETZ scheint dann wieder die Sonne. Gegen 16.30 Uhr beziehen wir unsere nagelneue und extravagante Ferienwohnung vom Gut WOLLETZ. Frau Silke hat uns, wie telefonisch vereinbart, den Kühlschrank bestückt mit ein paar Lebensmitteln vom Hofgut KERKOW, nicht ganz billig. Aber so sind Abendbrot und Frühstück gesichert. Obwohl es in dem 110 Einwohner zählenden Dorf eine große Reha-Klinik vor allem für Herz-Kreislauferkrankungen mit 215 Betten gibt, muss man als normaler Tourist eher verhungern.

Da es das Wetter nun doch gut mit uns meint, gehen wir hinunter zum WOLLETZSEE. Er ist mit 330 Hektar einer der größeren Seen hier. Die UCKERMARK hat übrigens 590 Seen, dabei nur die gezählt, die mehr als ein Hektar Fläche haben. Er ist auch einer der schönsten Seen mit einer Länge von fünf Kilometern. Etwa ein Kilometer breit, wird er von West nach Ost von der WELSE, einem Nebenfluss der ODER, durchflossen. Am südlichen Ufer befindet sich der Buchenwald GRUMSIN, der 2011 in die UNESCO-Weltnaturerbeliste aufgenommen wurde. Eine größere und zwei kleinere Inseln stellen eine Besonderheit dar.

Ich möchte hier am Seeufer nun doch noch ein Bild malen, bevor die Sonne wieder verschwindet. Unterhalb des ehemaligen Jagdschlosses laden Bänke zum Verweilen ein. Bernd schleicht in der Zwischenzeit um das Schloss, die ehemalige MIELKE-VILLA, Erholungsheim für führende Mitarbeiter des Ministeriums für DDR-Staatssicherheit. Wieder zum Eiszapfen erstarrt, freue ich mich nun auf eine warme Dusche.

Donnerstag, den 06.04.2023

Tag 7

WOLLETZ – ANGERMÜNDE

10,6 km

Heute laufen wir die letzte Etappe vor Ostern. Über die Feiertage pausieren wir. Es ist Gründonnerstag. Zur Feier des Tages zeigt sich das Wetter mal von seiner Sonnenseite. Silke vom Gutshof hat uns auch noch Milch vor die Tür gestellt. So ist unser Frühstück komplett. Dann waschen wir schnell ab und räumen auf. Wahrscheinlich zu schnell, im Eifer des Gefechts vergessen wir unsere Thermoskannen mit dem frisch gebrühten Tee. Wir sind schon unten am See unterhalb der MIELKE-VILLA, als mich der Anruf erreicht. Wir steigen nochmal hoch zum Parkplatz, wohin uns Frau Silke die lebenswichtigen Thermoskannen per Auto bringt. Falls sie diese Zeilen liest, möchten wir an dieser Stelle nochmal Danke sagen.

Nun geht es aber wirklich los. Das Nordufer des WOLLETZSEES liegt voll im Sonnenschein. Das Wasser glitzert. Der Weg windet sich hoch und runter, dass es eine Freude ist. So macht das Laufen Spaß. Die Strecke ist wildromantisch, erinnert ein wenig an den WERBELLINSEE mit Buchen und Eichen. Einige der stattlichen Bäume liegen als Klettergerüste im Wasser.

Dort, wo die WELSE den See gen Norden verlässt und wir bis zur Brücke ein Stück am morastigen Flussufer bleiben müssen, ist plötzlich ein Grunzen zu hören. Eine Rotte Wildschweine löst sich aus dem Dickicht und galoppiert an uns vorbei in sicherer Entfernung. Leider können wir so schnell gar nicht den Fotoapparat zücken. Auch der Biber fühlt sich sauwohl in diesem Revier. Er hat überall seine Kunstwerke hinterlassen.

Ab WELSEBRÜCKE sind es noch zwei Kilometer bis zum Strandbad. Auf einer großen Übersichtstafel stelle ich fest, dass die Brücke schon ziemlich nah an die BLUMBERGER TEICHE grenzt. Diese werden durch das Wasser der WELSE gespeist. Es ist schon eine tolle Gegend. Hier kommen wir nochmal her, beschließen wir. Das Stück Weg am See entlang war das Schönste der bisherigen Etappen.

Vom Strandbad aus geht es noch ein wenig im Zickzack durch einen lichten Wald, dann über eine Freifläche mit verschiedenen Hochspannungsleitungen. Auch hier wird kräftig gebaut an der neuen UCKERMARK-Trasse. Büsche von Wildpflaumen am Wegesrand stehen in voller Blüte. Am Horizont sieht man schon die Skyline von ANGERMÜNDE. Alles überragend ist die Stadtpfarrkirche SANKT MARIEN.

Gegen 13 Uhr treffen wir am Bahnhof ein, wo es uns gelingt, dem Automaten zwei Fahrkarten für die Heimfahrt zu entlocken. Bevor wir jedoch in den Zug steigen, um für die nächsten vier Tage die Wanderschuhe auszuziehen, will ich in der Stadt noch ein Bild malen. Wenn wir am Dienstag wiederkommen, werde ich keine Zeit dazu haben. Dann stehen über 20 Kilometer im Plan. Und wer weiß, wie dann das Wetter ist?

Bei herrlichstem Sonnenschein laufen wir durch die über 700 Jahre alte Kleinstadt und steuern als Erstes den Marktplatz an, wo es passend zu meinem Motiv auch noch Kaffee und Kuchen gibt. Das sind die Vorzüge einer Stadt, die man in der UCKERMARK unbedingt nutzen sollte. Der Markt und auch die umliegenden Straßen der mittelalterlichen Stadt sind geprägt durch ein- und zweistöckige Fachwerk- und Putzfassadenhäuser aus dem 17. bis 19. Jahrhundert. Mitten auf dem Markt steht das barocke Rathaus mit seiner klassizistischen Fassade, das seit seiner Sanierung die Stadtverwaltung nebst Standesamt beherbergt. In meinem Rücken befindet sich ein ungewöhnlicher begehbarer und witziger Marktbrunnen, der 1999 vom Künstler Christian Uhlig geschaffen wurde, der hier in der Stadt seine Werkstatt betreibt.

Während ich noch dort sitze und male, stattet Bernd der Touristinformation einen Besuch ab, die sich hier auf dem Markt in dem soeben sanierten Haus UCKERMARK befindet. Dort trifft er doch tatsächlich die Wanderin aus HAMBURG, die das letzte Stück von WOLLETZ mit dem Bus zurückgelegt hat. Da hätte sie das Beste verpasst, erzählt er ihr.

Mit meinem Bild bin ich heute relativ zufrieden. Das Blatt war wieder zu klein und die untere Etage der Fachwerkhäuser am Markt hat nicht draufgepasst. Dafür schaut der 53 Meter hohe Turm der MARIENKIRCHE über die Dächer.

Jedenfalls gehen wir später nochmal zusammen in die Touristinfo. Zu meiner Überraschung bekommen wir sozusagen als Preis für die Absolvierung der ersten sieben Etappen eine kleine Flasche Grumsiner Likör geschenkt, eventuell auch als Vorschusslorbeeren für meinen schriftlichen Erfahrungsbericht zu unserer Tour. Egal, mich freut´s. Dabei ist Bernd nicht ganz unschuldig. Er wollte die Damen dazu anregen, einen Preis vielleicht in Form einer Anstecknadel auszuloben für fleißige Wanderer. So etwas gibt es in anderen Regionen auch.

Um 15.33 Uhr steigen wir in den Zug, nach wenigen Minuten in BRITZ wieder aus, wo mein Auto darauf wartet, nach Hause ins Nachbardorf gefahren zu werden. Für uns beginnen nun die Ostervorbereitungen.

Dienstag, den 11.04.2023

Tag 8

ANGERMÜNDE – BIESENBROW

20,4 km

Nach vier Tagen Pause, die wir mit österlichem Marschieren für den Frieden und natürlich familiären Feierlichkeiten verbracht haben, geht es nun heute weiter durch die unendlichen Weiten der UCKERMARK. In den nächsten drei Tagen erwandern wir die östlichen Etappen des Rundweges vom südlichsten Punkt wieder nach Norden.

Während Ostern die Sonne schien und die Temperaturen nach oben kletterten, ist heute schon wieder Schluss mit lustig. Doch ganz so schlimm, wie es vorhergesagt wurde, ist es dann doch nicht.

Als wir in ANGERMÜNDE aus dem Zug steigen, tröpfelt es so sachte vor sich hin. So minimal, dass ich nicht mal mein Regencape überziehe. Heute gehen wir nicht ins Zentrum. Gut, dass wir schon da waren. Wir haben beschlossen, dem roten Punkt zu folgen, um ja nichts zu verpassen.

Er führt uns zunächst an der Stadtmauer entlang. Die Stadtbefestigung wurde in dem letzten Viertel des 13. Jahrhunderts errichtet. Von den einst gut 1400 Metern Länge ist heute noch ein Sechstel vorhanden. Hier hat die Mauer eine Höhe von etwa vier Metern. Die Mauerkrone fehlt.

Ebenfalls noch vorhanden ist der PULVERTURM aus dem 15. Jahrhundert. Er wurde als Wachturm in der bereits bestehenden Mauer errichtet und konnte auch als Verlies genutzt werden. Später wurde Schießpulver darin gelagert oder diente in der Zeit vor dem ersten Weltkrieg sogar als Wohnung für Arme. Schwer vorstellbar, denn es gibt keine Fenster, nur die Eingangstür auf der Stadtinnenseite und ein paar schmale Scharten. Der runde Turm ist 24 Meter hoch, im Durchmesser rund 8,5 Meter dick. Den Abschluss bildet ein Zinnenkranz und ein achteckiger Helm in Pyramidenform. Bemerkenswert ist, dass seit mindestens 170 Jahren jährlich Störche auf der Spitze nisten. Auch jetzt klappert da oben was.

Ab hier laufen wir innerhalb der Stadtmauer zur ehemaligen KLOSTERKIRCHE PETER und PAUL, ein Bauwerk der Backsteingotik, das der Stadt mittlerweile als Veranstaltungsraum dient. Um 1250 ließen sich die Franziskanermönche hier in ANGERMÜNDE nieder und gründeten vermutlich um 1260 das Kloster unter dem askanischen Markgrafen JOHANN I., erstmals urkundlich erwähnt 1299. Somit ist es das älteste Gebäude der Stadt.

Weiter geht es bis zur SCHWEDTER STRASSE. Auf dieser laufen wir genau bis zum ALDI. Will man uns damit sagen, dass man sich in der UCKERMARK mit Lebensmitteln eindecken sollte? Wir gehen jetzt nicht einkaufen, sondern zweigen genau hier in einen Pfad nach links zum MÜNDESEE. Der fast kreisrunde See mit einer Größe von 120 Hektar grenzt unmittelbar nördlich an die Stadt. Am Ufer kommen wir mit einem jungen Mann ins Gespräch, der auf der Suche nach guten Angelplätzen ist. Viel Zeit zum Angeln hat der erst 42-jährige, da er Rentner ist. Er war als Bundeswehrsoldat bei vielen Auslandseinsätzen, als Letztes in MALI, wo der Familienvater sich bei einer Hubschrauberübung beide Beine gebrochen hat. Wenigstens zahlt die Bundeswehr gut. Während wir dem Uferpfad nach rechts folgen, muss ich darüber nachdenken, was wir da unten in AFRIKA überhaupt zu suchen haben.

Wir kommen an schönen Grundstücken vorbei. Mir war gar nicht bewusst, dass DOBBERZIN so ein großes Dorf ist und hier überhaupt so viele Häuser stehen. Die meisten davon sehen ziemlich neu aus.

Nach etwa 8 km verlassen wir das Ufer des Sees und schwenken nach Norden. Ich bilde mir ein, links um den See wäre es kürzer gewesen, oder? Ich kann mich auch irren. Über einen recht breiten Feldweg, auf dem auch Baufahrzeuge verkehren, geht es nach MÜROW. Links und rechts auf den Feldern drehen ordentlich die Windräder. Auch hier gibt es ein paar Baustellen für die neue Stromtrasse, gegen die man sich lange gewehrt hat. Der Bau der 380-kv-Freileitung zwischen BERTIKOW und NEUENHAGEN wurde 2016 im Bereich des Biosphärenreservates SCHORFHEIDE-CHORIN unter anderem wegen Vogelschutz gestoppt. Am 5. Juli 2022 hat das Bundesverwaltungsgericht die Klage der Bürgerinitiative abgewiesen.

Ich wünsche mir, dass es in MÜROW nicht mehr regnet und ich am Dorfteich ein Bild malen kann. Man muss es nur laut sagen. Dann klappt das auch. Das habe ich auf dem JAKOBSWEG in SPANIEN gelernt. Die Kirche spiegelt sich im Dorfteich. Das könnte was werden. Jedes Mal, wenn ich früher durch dieses Dorf gefahren bin, und ich bin als Ballonrückholer oft hier vorbeigekommen, habe ich mir gedacht, hier müsste man mal ein Bild malen. Und nun geht der Wunsch in Erfüllung. Die evangelische Dorfkirche ist ein Feldsteinbau aus dem 13. Jahrhundert. Der obere Teil des Backsteinturmes erhielt zum Ende des 19. Jahrhunderts sein heutiges Aussehen.

Während ich da sitze, inspiziert Bernd den Schlosspark. Er lustwandelt durch den denkmalgeschützten Lenné-Park. Das Schloss und dazugehörige Gutsgebäude werden gerade saniert. MÜROW hatte einst zwei Rittergüter, die später zu einem vereinigt wurden und die meiste Zeit im Besitz der in der UCKERMARK allgegenwärtigen Familie von ARNIM waren.

Das Herrenhaus ist ein zweigeschossiger Putzbau aus der zweiten Hälfte des 17. Jahrhunderts. Außerdem gibt es eine Brennerei und einen Speicher. Letzterer stammt aus dem Jahre 1860 und sieht aus wie ein italienischer Renaissancebau, kunstvoll über vier Etagen gemauert mit quadratischem Campanile und flachem Satteldach.

Wir verlassen das uckermärkische FLORENZ in Richtung FRAUENHAGEN. Wir benutzen Gott sei Dank nicht die Straße, wo die Autos vor der kurvenreichen Strecke an einer Baustellenampel Schlange stehen. Für uns zweigt am Ortsausgang links ein Feldweg nach WELSOW ab. Durch die Endmoränenlandschaft geht es hier mächtig bergauf. Am Himmel formieren sich interessante Wolken. Ab und zu sieht man nun auch ein Stück blauen Himmel durchblitzen. Die wilden Pflaumen blühen. Vor den dunklen Wolken ist das eine Pracht, wenn ein Sonnenstrahl darauf fällt.

Hinter der Bergkuppe taucht die Kirchturmspitze von WELSOW auf. Von Weitem sieht das Dorf sehr idyllisch aus, so umgeben von blühenden Bäumen, aus der Nähe nicht mehr ganz so. Die schlichte Feldsteinkirche mit dem verbretterten Turm zeigt Risse im Gemäuer. Der Bau aus dem 13. Jahrhundert ist genau wie einige der hiesigen Gehöfte sanierungsbedürftig.

Wir verlassen WELSOW und wenden uns FRAUENHAGEN zu, um auf halber Strecke wieder links abzubiegen. Hier erwartet uns ein besonderes Naturidyll und die schmuck hergerichtete BREITENTEICHMÜHLE, ausgebaut zu einem Seminarhaus, erfahren wir von der rührigen Chefin. Hier können sich Paare anmelden zu Seminaren für Paartherapie und Liebesspiele. Nichts Sexuelles, sagt sie, und zu Pfingsten wäre noch Platz für uns. Ein Sternekoch würde kommen und für das leibliche Wohl sorgen. Natürlich erhalten wir gleich eine Hausführung und sind beeindruckt ob der Tatkraft der hier wirkenden Familie. Mit ihrem Mann hätte sie das alles hier aufgebaut, den wir dann auch noch kennenlernen dürfen. Natürlich ist der Spaß nicht ganz billig, dafür ein wunderschönes

Ambiente. Und das dürfen wir im Sonnenschein erleben, obwohl ringsherum dichte Regenschauer niedergehen.

Weiter geht es auf einem Hohlweg, dann auf einer kaum befahrenen Straße zum ehemaligen Bahnhof SCHÖNERMARK, eigentlich dichter an BIESENBROW. Doch hier hält seit dem kalten Winter 1979 eh kein Zug mehr. Das könnte sich aber ändern, denn es wird fleißig gearbeitet an der alten Strecke der STETTINER BAHN und ein zweites Gleisbett aufgeschüttet.

Doch bevor wir das Gleis überqueren, kommen wir an einer zweiten Mühle vorbei. Die ZIETHENMÜHLE wartet jedoch noch auf die Beendigung des Dornröschenschlafes.

Der Weg nach BIESENBROW führt dann parallel zur Straße auf einem ehemaligen Bahndamm entlang. Hier oben pfeift ordentlich der Wind. Er kommt unangenehm von der Seite. Erst am ehemaligen ARMENHAUS betreten wir das Dorf, haben es fast umrundet. Weil die Wiesen unter Wasser stehen, gab es vorher keine Möglichkeit, den Bahndamm zu verlassen. Wichtiger Hinweis für nachfolgende Wanderer: Nehmt die Straße!

BIESENBROW war die Heimat des Schriftstellers Ehm Welk, der 1884 hier geboren wurde. Er ließ die Dorfbewohner als „Heiden von Kummerow“ in die Literaturgeschichte eingehen.

Hinter der Kirche finden wir die KLEINE SCHÄFEREI, über die ich unser Quartier gebucht habe. Der junge Chef persönlich führt uns dann zum APFELHOF, wo wir die Ferienwohnung namens „Himmelbett“ gemietet haben, entpuppt sich durch Zauberhand als zimmerfüllendes Wandklappbett.

Zum Abendbrot will uns der junge Mann noch was Vegetarisches zaubern, da man sonst im Dorf nichts bekommt. Es käme noch eine Wanderin dazu. Bis dahin vertreibe ich mir die Zeit mit Malen. Vor unserem Fenster steht ein Storchenturm.

So sitzen wir um 19 Uhr zu dritt an der langen Tafel und lassen uns Kartoffeln, überbackenen Fetakäse und karamelisierte Zwiebeln schmecken. Bernd vermisst ein Stück Fleisch. Da muss er nun durch. Sonst ist es sehr lecker und kreativ.

Die Dame aus POTSDAM ist mit Hund Candy unterwegs. Sie läuft in entgegengesetzter Richtung und ist heute aus WARNITZ gekommen. Da wollen wir morgen hin und noch ein Stück weiter.

Mittwoch, den 12.04.2023

Tag 9

BIESENBROW – SEEHAUSEN

23,7 km

Luca heißt der junge Mann, der den Laden hier schmeißt. Nach dem Sterneessen von gestern Abend bereitet er nun ein gutes Frühstück mit selbstgebackenen Brötchen, Quittengelee...

Frühstück war eigentlich für uns nicht vorgesehen. Wir hätten ja was mitbringen können. Luca macht es aber gerne für uns. Dafür ist es auch nicht ganz billig. Für die Nacht in BIESENBROW müssen wir insgesamt 200 Euro löhnen. Dann ist das eben so.

Nach einer wiederum frostigen Nacht bringt die Sonne schnell die nötige Wärme. Der Storch vor unserem Fenster hat bestimmt gefroren in der Nacht. Nun sitzt er wieder ruhig oben in seinem Nest und genießt die wärmenden Strahlen. Ob er schon Eier unter sich zu liegen hat, vermag ich nicht zu sagen. Man kann ja nicht reingucken.

Bevor wir das Dorf verlassen, statten wir dem Friedhof einen Besuch ab um zu schauen, wie die Leute hier heißen. Eine gute Bekannte, die mit ihrem Mann kurzzeitig hier gewohnt hat, meinte mal, es gäbe noch immer die Grambauers, Breithaupts und Kannegießers, wie die „Heiden von Kummerow" eben so hießen. Wir finden jedoch lediglich die Gräber der Eltern von Ehm Welk. Wir begeben uns wieder hin zum alten Bahndamm, am Armenhaus vorbei, wo übrigens der Nachtwächter Bärensprung und sein Enkel Johannes wohnten. Ich finde gut, dass die Häuser im Dorf mit einer Tafel versehen sind, wo man lesen kann, was sie mit Ehm Welk oder seinen Büchern zu tun haben.

Eine solche Tafel finden wir auch an Ehm Welks Geburtshaus, dann schon etwas außerhalb des Ortes beim großen Schafstall. Nun wissen wir auch, wo die restlichen 400 Schafe der Familie Kloss stehen. Das Geburtshaus kann man nicht besichtigen. Es ist bewohnt. Direkt gegenüber vom Welkschen Haus gibt es den größten Biberdamm, den wir je gesehen haben. Es ist eine Bruchlandschaft, die die Umgebung des Dorfes prägt.

Endlich nach einer gefühlten Ewigkeit zweigt unser Weg nach Nordwesten ab. Durch eine geschwungene Feldflur gelangen wir nach SCHMIEDEBERG. Wie der Name schon sagt, befindet sich das 1319 erstmals erwähnte Dorf auf einem Berg. Besiedelt war die Gegend laut archäologischer Funde wohl schon viel früher. Heute wohnen etwa 100 Leute hier.

Schon von Weitem sticht mir dieses Fachwerkensemble mit der Kirche dahinter ins Auge. Dann lese ich was von Ferienwohnungen, was mich drängt, einen neugierigen Blick zu riskieren. Bernd ermutigt mich, hier ruhig mein Malzeug auszupacken, obwohl wir gerade mal sechs Kilometer geschafft haben. Jetzt würde die Sonne scheinen. Später soll es sich wieder zuziehen, abends sogar regnen. Ich bin froh über diesen Vorschlag, hatte selbst mit diesem Gedanken gespielt. So schaue ich nach einem geeigneten Platz und frage einen älteren Herren, der mit der Schubkarre unterwegs ist, ob ich dort ein Bild malen darf.

Später kommen wir ins Gespräch. Es stellt sich heraus, dass er eigentlich in meinem Nachbardorf wohnt. Seine Frau kenne ich sogar persönlich. In ihrer Arztpraxis hatte ich schon mehrere Ausstellungen. Da zeigt sich schon wieder, die Welt ist ein Dorf. Die beiden haben den denkmalgeschützten JÄGERHOF, ein Dreiseitenhof und ein Fass ohne Boden, 1995 erworben, restauriert und modernisiert. Da braucht man viel Kraft und Durchhaltevermögen.

Mit meinem Bild bin ich heute echt mal zufrieden. Ob er es kaufen kann, fragt der Hausherr. Das kann er nicht, denn es ist fest in meinem Skizzenbuch integriert. Vielleicht kann ich eine Kopie davon machen.

Ausgeruht und recht beschwingt laufen wir weiter, treffen auf dem Kirchhof noch eine Schar Ferienkinder, die da ausgelassen Räuber und Gendarm spielen. Es gibt doch noch glückliche Kinder, denke ich so bei mir.

Ins nächste Dorf geht es durch einen Hohlweg mit alten Bäumen. In GRÜNHEIDE gibt es jede Menge Obstplantagen. Der Baumgärtner ist gerade dabei, die letzten Apfelbäume zu beschneiden. Er meint, es wäre noch nicht zu spät dazu, weil es lange frostig war, sogar letzte Nacht wieder. Er betreibt auch die hiesige Bio-Mosterei, die es auf 20 000 Liter Obstsäfte pro Saison bringt. Durch Corona kamen die Kunden in Scharen direkt bis auf den Hof, was bauliche Veränderungen nach sich zog.

Ab hier führt eine drei Kilometer lange Huckelpiste quer durch den Wald. Es ist der MELZOWER FORST, der erste Wald seit unserer Osterpause, gleichzeitig das größte Naturschutzgebiet im Landkreis UCKERMARK. Gestern und heute sind wir nur durch offene Landschaft gelaufen, die hügelige Feldflur der UCKERMARK. Kaum sind wir im Wald, überqueren wir wieder die Autobahn, die A11.

Während ich über einen Kaffee in WARNITZ am Ufer des OBERUCKERSEES nachdenke, trudeln wir in MELZOW ein, seit 1970 ein Ortsteil von WARNITZ, mir bisher unbekannt. Und man glaubt es kaum, hier gibt es eine Kulturscheune und im Garten eines unscheinbaren Gasthauses bekommen wir Kuchen, sogar Eierschecke, und dazu einen Pott Kaffee. Das weckt nach 13 Kilometern die Lebensgeister. Allerdings liegen noch mehr als 10 Kilometer vor uns, was mir so im Moment nicht bewusst ist. Als wir um die Melzower Kirche schleichen, eine wirklich schöne Feldsteinkirche aus dem 13. Jahrhundert, verlässt uns wie angekündigt die Sonne. Sie schickt noch einen letzten Strahl auf das verschlossene Gotteshaus, dann schieben sich die Wolken über uns. Trotzdem genießen wir am Ortsausgang den grandiosen Weitblick über das gesamte UCKERTAL bis hin nach PRENZLAU mit der mächtigen Marienkirche, Start der LANDRUNDE und Ziel der morgigen Wanderung.

Angeblich soll es ab hier nur noch bergab gehen, so der Irrglaube des Wirtes vom „Meistereck“ zu MELZOW. Natürlich meinte er die Straße. Wir schlagen mit dem roten Punkt wieder einen Haken an kurios verwachsenen alten Weiden und schilfbestandenen Tümpeln vorbei. Auch Kraniche und Wildgänse fühlen sich hier wohl.

Dann sehen wir die Bahntrasse BERLIN - STRALSUND, die schnurgerade an den UCKERSEEN entlangführt und die wir unterqueren müssen, um ins Zentrum von WARNITZ zu gelangen. Wir drehen eine Runde durch das ursprüngliche Dorf aus dem 14. Jahrhundert mit der ebenso alten Feldsteinkirche und dem später angebauten Fachwerkturm. Drumherum gruppieren sich Häuser im gleichen Fachwerkstil.

Um 1100 existierte auf einer Insel im OBERUCKERSEE ein größeres slawisch-feudales Siedlungszentrum mir Burgwall, über Brücken mit dem Festland verbunden. Von der Wallanlage ist nichts mehr zu sehen, von den Brücken auch nicht, die BURGWALLINSEL leider in privater Hand. Der See hat eine Größe von 685 Hektar. Er wird von der UCKER durchflossen, der Namensgeberin der UCKERMARK.

Seit 1960 hat sich WARNITZ zu einem Urlaubsort entwickelt, wovon heute aber nichts zu merken ist. Obwohl Ferien sind, ist keine Gaststätte geöffnet und kaum eine Menschenseele zu sehen. Ein Restaurant macht Werbung für eine „Karre Mist“. Das soll was zu essen sein, Bratkartoffeln, Schnitzel und ein Spiegelei, aber nur am Wochenende. Gut, dass wir in MELZOW Kaffee und Kuchen hatten.

Erst später auf unserem Weg gen Norden kommen wir an protzigen Hotelneubauten vorbei. Auch hier ist es sehr ruhig. Was mich an dieser Stelle stört, wir wandern nicht ein einziges Stück am Seeufer entlang. Alles scheint bebaut zu sein. Wir laufen auf einem Pfad neben Straße und Bahnstrecke entlang, überwinden umgestürzte Bäume, Höhen und Tiefen.

Kurz vor SEEHAUSEN bin ich gespannt, ob es noch einen Umweg gibt und wir die Bahn nochmal überqueren müssen. Wir wünschen uns laut, dass es für uns einen Pfad zwischen Wasser und Bahn gibt. Laut geäußerte Wünsche gehen in Erfüllung. Es gibt einen ziemlich holprigen Weg, der uns bis zum Bahnhof von SEEHAUSEN bringt. Der letzte Kilometer bis zum HUBERHOF ist dann ein Klacks, eigentlich. Aber meine Füße fangen nun doch langsam an, sich zu beschweren. Kurz nach 18 Uhr treffen wir endlich im Hotel ein. Dabei konnten wir vorhin über die Bucht schon fast hinspucken. Schade, dass es diese slawischen Brücken nicht mehr gibt.

Donnerstag, den 13.04.2023

Tag 10

SEEHAUSEN – PRENZLAU

14,5 km

Nach einem zünftigen Frühstück im HUBERHOF wollen wir noch ein wenig den Ort erkunden und vor allem mal auf den See gucken. Ich beschließe, gleich hier noch ein Bild zu malen vom schönsten Haus am Platze, dem Hotel. Die Sonne scheint zwar nicht, aber die Temperatur macht es möglich. Bernd inspiziert also alleine den westlichen Teil des alten Fischerdorfes mit der Fachwerkkirche von 1753. Vom 13. bis zum 16. Jahrhundert gab es südlich von hier auf einem inselartigen Werder sogar ein Zisterzienserinnenkloster im OBERUCKERSEE. Von der Anlage ist leider nichts mehr erhalten.

Das Fachwerkhaus HUBERHOF in dem freundlichen Grün-Weiß fällt auf im Ort. Familie Huber stammt aus dem BAYRISCHEN WALD und hat sich mit diesem Haus ein Stück Heimat in die UCKERMARK gebracht. Die Küche ist gut bürgerlich ausgerichtet und sehr zu empfehlen. Das Personal trägt Dirndl. Die 25 Zimmer sind im Laura-Ashley-Stil mit Möbelstücken aus dem Familienbesitz eingerichtet.

Ich platziere mein Sitzkissen auf einem etwas spitzen Stein, so dass mir am Ende alles weh tut. Mit dem Bild bin ich zufrieden. Im Anschluss begleichen wir unsere Hotelrechnung bei der Chefin persönlich, die für dieses Haus extra einen Crashkurs in Gastronomie absolviert hat und diese Tätigkeit nun schon seit 1993 ausübt. „Ach, solche seid ihr," sagt sie, als sie unsere großen Rucksäcke sieht. Sie gibt uns noch einen Tipp für einen schönen Rastplatz am südlichen Ende des UNTERUCKERSEES. Da würde sie ab und zu hinlaufen, wenn es ihre Zeit erlaubt, und den Blick über das UCKERTAL bis hin nach PRENZLAU genießen. Natürlich folgen wir ihrem Rat.

Wir laufen durch den 1332 erstmals urkundlich erwähnten Ort wieder Richtung Bahnhof. An einigen Häusern sind Schilder angebracht, die etwas über die frühere Nutzung erzählen. Es gab mal eine Gaststätte namens „Klosterbrunnen". In den 50er/ 60er Jahren wurde einmal pro Woche ein Kinofilm gezeigt. Im Winter musste man zusätzlich zum Eintritt ein paar Kohlen mitbringen.

Auch am Bahnhof verraten verschiedene Informationstafeln interessante Dinge. Hier siedelten die Menschen schon während der Stein- und Bronzezeit. Man hat die verschiedensten Höcker- und Hügelgräber gefunden. Die Grabbeigaben kann man in PRENZLAU im Museum des DOMINIKANERKLOSTERS betrachten.

Dann wollen wir uns mal langsam in Richtung PRENZLAU begeben. Wir folgen dem Rat der Frau Huber und erreichen ihren Rastplatz mit der schönen Aussicht nach vier Kilometern Wegstrecke immer unterhalb des Bahndamms entlang. Kurz vor dieser Stelle steht ein altes, nicht mehr genutztes Schrankenwärterhaus. Im Nebengelass ist eine Tür mit einem Guckloch in Herzform verziert. Dieses doch recht überraschend saubere Örtchen kommt mir wie gerufen. So muss ich mir keine Stelle im Wald suchen, der hier am Südende des Sees beginnt.

Und was für eine Wildnis sich hier auftut. Die Bäume wachsen kreuz und quer im sumpfigen Morast. An einigen Stellen hat man für den Wanderer schmale Stege aus Holzbohlen errichtet, um ein Passieren überhaupt zu ermöglichen. Der Weg ist aber wirklich nur für Fußgänger geeignet. Allerdings vermissen wir seit SEEHAUSEN den roten Punkt. Das kann daran liegen, dass diese 10. Etappe im Prospekt gar nicht ausgewiesen ist. Wir spekulieren, ob der Weg noch nicht so lange begehbar ist, was sich später als Irrtum unsererseits erweist. Wir wollen jedenfalls diese Runde vollenden. Und das wird heute passieren.

Später weitet sich das Gelände zwischen Bahndamm und Seeufer. Hier gesellt sich ein asphaltierter Fahrradweg zu uns, der sich durch das Schilf schlängelt bis hinein nach PRENZLAU, wo ich ein Zimmer in der Pension am MITTELTORTURM bestellt habe. Das ist der Turm, den ich am ersten Tag gemalt habe.

Eigentlich wollten wir direkt dorthin, um die Rucksäcke loszuwerden. Doch dann zieht es uns magisch in den SEEPARK. Es sind die Narzissen und Hyazinthen, auch Traubenhyazinthen, die in einer Pracht blühen. Besser hätte der Zeitpunkt nicht gewählt sein können. PRENZLAU hat sich mit Blumen geschmückt für unseren Empfang.

Mitten im Park machen wir verrückte Selfies in verschiedenen Zerrspiegeln und haben viel Spaß dabei. Hier gefällt es uns. Hier lassen wir uns nieder, gönnen uns Kaffee und Quarkbällchen. Und wieder treffen wir die ältere Dame im Rollstuhl mit ihrem Begleiter, die sich vorhin an der Marina für unseren Weg interessiert hat und ganz neidisch auf uns war. Früher wäre sie auch gewandert. Jetzt erfahren wir von ihr, dass genau heute vor 10 Jahren hier die Landesgartenschau eröffnet wurde. Es soll wohl noch eine kleine Jubiläumsfeier stattfinden. Kein Wunder, dass so viele Gärtner gießen und jäten.

Das Gartenschau-Gelände erstreckte sich vom UNTERUCKERSEE bis zur Prenzlauer Altstadt und nahm ein Areal von 13 Hektar ein. Mehr als 800 Bäume und rund 2500 Heckenpflanzen, über 1000 Rosen und rund 80.000 Stauden, Gräser und Farne wurden gepflanzt, die gesteckten Zwiebelblumen noch gar nicht mitgerechnet. Der Garten sieht aus, wie frisch angelegt und erfreut sich großer Beliebtheit auch unter den Einwohnern. Wahrscheinlich wirkt sich für den Erhalt positiv aus, dass der Park abends verschlossen wird.

Dann bin ich neugierig auf die Stadtmauer, die ich vom Park aus entdecke und die auf dieser Seite einen erhöhten Standpunkt hat. Wir kraxeln nach oben und finden dahinter das ehemalige DOMINIKANERKLOSTER, das heute das Kulturzentrum der Stadt beherbergt. Hier hätten wir auch gut unseren Kaffee trinken können, in etwas gehobenem Ambiente. Vor allem die Torten lachen uns an. Vielleicht kommen wir morgen wieder.

Nun beziehen wir endlich unser Zimmer genau über dem Torbogen. Es fühlt sich gut an.

Ohne Rucksäcke gehen wir gleich nochmal los. Ich will heute noch ein zweites Bild malen. Ich will mich nochmal am MITTELTORTURM versuchen. Der Rabe ist jetzt mit drauf. Dafür ist der Turm zu schmalbrüstig.

Dann genießen wir den sonnigen Abend bei einem kleinen Stadtbummel, statten dem Prenzlauer ROLAND einen Besuch ab, der mir recht modern erscheint. Kein Wunder, das Zeichen der städtischen Markt- und Gerichtsbarkeit ist nicht mehr das Original von 1495/96. In Folge eines Unwetters stürzte der ROLAND am 21. Januar 1737 vom Sockel und zerbrach in mehrere Stücke, die man heute im Museum betrachten kann. Diese Bruchstücke dienten dem Künstler Toralf Jaeckel als Vorlage für den neuen ROLAND, der im Jahr 2000 hier auf dem MARKTPLATZ errichtet wurde.

Der Tag klingt aus mit einem Indischen Abendessen und noch einem kleinen Spaziergang an der westlichen Stadtmauer entlang, wo sich unter anderem der SEILERTURM befindet, der bis zum Anfang des 20. Jahrhunderts auch tatsächlich als Seiler-Werkstatt genutzt wurde. Wir fotografieren auf dem Heimweg die gewaltige MARIENKIRCHE, deren Türme wir morgen unbedingt besteigen wollen, vor farbenfrohem Sonnenuntergang.

Leider soll das Wetter morgen umschlagen. Für die Heimreise wurde Regen vorhergesagt.

Nachwort

Wir haben die UCKERMÄRKER LANDRUNDE wie von uns geplant absolviert und abgerundet. Wir haben den Kreis geschlossen. So sind aus den veranschlagten 152 knapp 160 km geworden. Wir haben dem Weg eine Etappe hinzugefügt, von SEEHAUSEN nach PRENZLAU, damit sich der Kreis schließt.

Der nordöstlichste Landkreis von BRANDENBURG bietet eine vielfältige hügelige Landschaft. Die ausgedehnten Wälder, Wiesen und großen Ackerschläge, die wie zum Trocknen ausgebreitete Handtücher wirken, hier und da ein wenig zusammengeknautscht, unterbrochen durch Sölle und Gehölzstreifen, lassen die Tour nie langweilig werden. Darin eingebettet sind glasklare Seen. Mit knapp 600 Seen und vielen Moorgebieten ist die Gegend reich gesegnet. Am schönsten waren die Wanderwege entlang des WOLLETZSEES, UNTERUCKERSEES, am GROSSEN WARTHESEE oder LÜBBESEE.

Unzählige Naturschutzgebiete bieten eine vielfältige Fauna und Flora. Wir haben verschiedene Schutzgebiete durchschritten wie den NATURPARK FELDBERGER SEENPLATTE, den NATURPARK UCKERMÄRKISCHE SEEN sowie das BIOSPHÄRENRESERVAT SCHORFHEIDE-CHORIN.

Der Fläche nach ist die UCKERMARK der größte Landkreis DEUTSCHLANDS, mit 38 Einwohnern je Quadratkilometer jedoch dünn besiedelt. Das hat Auswirkungen auf die Infrastruktur. In einigen der 30 Gemeinden ist es kaum möglich, ein Bett für nur eine Nacht zu bekommen, selbst nicht in Ortschaften, die als Etappenziel ausgewiesen sind. So sind Änderungen vorprogrammiert. Auch das leibliche Wohl sollte im Vorfeld gut organisiert sein, damit die Wanderung nicht in eine Fastenkur ausartet.

Von den sieben Städten des Landkreises durften wir drei kennenlernen, unseren Start- und Zielort PRENZLAU, gleichzeitig Verwaltungssitz, TEMPLIN als flächenmäßig größte Stadt und ANGERMÜNDE, der südlichste Punkt unserer Wanderung. Diese drei uckermärkischen Städte sind überschaubar, haben einen besonderen Liebreiz und bieten alles, was der Wanderer braucht.

PRENZLAU punktet durch seine Stadtmauer mit den dazugehörigen Türmen, die gewaltige Marienkirche und das ehemalige Dominikanerkloster. In TEMPLIN und ANGERMÜNDE sind es die intakten Altstädte mit den bunten Fachwerkhäusern, die uns besonders gefallen haben.

Das Highlight unserer Wanderung war jedoch BOITZENBURG mit seinem Schloss und der gesamten Umgebung. Diesen Ort wollen wir uns bei schönerem Wetter nochmal anschauen und genießen.

Das Wetter meinte es insgesamt nicht gut mit uns. Es war frostig oder eben viel zu nass, denkbar schlechte Bedingungen für Freiluftmalerei. Wandern funktioniert trotzdem. Da ich als Lehrer im Ruhestand nochmal einem Notruf gefolgt bin, waren wir wie schon im vergangenen Jahr auf die Osterferien angewiesen, die 2023 eher winterlich ausfielen. Trotzdem ist es mir gelungen, jeden Tag ein kleines Aquarell zu malen, wenn auch zweimal durch eine schützende Fensterscheibe.

Die UCKERMARK bietet zwei große Mehrtagestouren, die UCKERMÄRKISCHE LANDRUNDE und den MÄRKISCHEN LANDWEG, in Teilen identisch und vielleicht ein wenig verwirrend, bis ich das geschnallt hatte. Ich erinnere an die Wanderin aus HAMBURG, die kurz vor TEMPLIN unseren Rundweg kreuzte.